ゆるトレ

ふわ♥かわ
愛されるカラダを
つくる

Model & 監修
meru

SOGO HOREI Publishing Co., Ltd

ゆるふわ
BODYをつくって
私はもっと
私を好きになる

> " 人の目を引くためじゃなく
> 自分のために服を着ているの "
>
> アイリス・アプウェル
> （インテリア・デザイナー）

> " 美しさは
> あなたがあなたらしくいると
> 決めた時に始まる "
>
> ココ・シャネル
> （ファッション・デザイナー）

> " 私はトレーニングをするし
> 食事にも最善の心配りをしています。
> 私は、自分を包み込んでいる
> 肌を愛しています。
> 多少の贅肉やハミ肉、セルライトがついていても
> 恥じ入ることはありません……
> あなたも同じように考えてもらえたら "
>
> アシュリー・グラハム
> （プラスサイズ・モデルの先駆者）

Contents

- 6　1 ── エクササイズをずっと続ける魔法なんてどこにもない！
- 8　2 ── 痩せやすいカラダをつくるには入浴の仕方を変えましょう
- 10　3 ── 寝ない人は丸くなる！理想の眠りを手に入れる
- 12　4 ── ポッコリでっぱるお腹を引っ込めるインナーマッスル
- 14　5 ── エクササイズを続けるという簡単なことを続けるには
- 16　6 ── 大切なのは自分に合っている食事の量を知ること

Chapter 1

19　**チェストを鍛えるゆるトレ**

20　First Step
腕立て伏せをやってみよう
まずは膝をついた状態から

Key Training

- 24　❶ チューブを使って鎖骨の下の筋肉を狙う
- 26　❷ 手の平でプレートを挟みチェストの周りを鍛える
- 28　❸ バランスボールを活用してより本格的な胸トレを

30　Q&A
- Q1 バストを鍛えることはできないのでキープするために必要なこと
- Q2 もっとも簡単にバストをキープするのは猫背にならないようにすること

Chapter 2

33　**楽々と無理なくくびれをかわいくつくる**

34　First Step
ぽっこり下腹部を解消する
ベーシックなエクササイズ

Key Training

- 38　❶ 床に座ったまま下腹部を鍛えるリズミカルに足を入れ替えて
- 40　❷ ボールを使って自宅でクランチお腹の上のほうを狙ってみる
- 42　❸ ボールを引き寄せてお腹の下を重点的に鍛える

44　Q&A
- Q1 毎日何を食べているかを記録カロリー計算するアプリも使いましょう
- Q2 朝食抜きは絶対にダメ！　カラダに必要な栄養はきっちり摂取しましょう

Chapter 3

47　**鍛えにくい背中もちゃんとゆるトレ**

48　First Step
背中を鍛えるには
チューブを使い「引く」動作を

Key Training

- 52　❶ ダンベルを活用して自宅で背中のトレーニングを
- 54　❷ 立ってやるのが難しければ座った状態でチューブを引く
- 56　❸ 胸にも効果のあるエクササイズ肩関節の健康にもGOOD！

58　Q&A
- Q1 猫背になるとまずは背中がゆるむ姿勢を正すのが最初の一歩
- Q2 なかなか気が回らない部位だから下着にも気を配って

Chapter 4
61 やわらかくて
かわいいヒップを
「育てる」ゆるトレ

62 First Step
キング・オブ・エクササイズ
スクワットをマスターしよう

Key Training

66 ① ダンベルを使ってお尻と
もも裏を狙い撃ち

68 ② イスなどを使って
バランスを取りながらの尻トレ

70 ③ 寝たままの状態でもできる
かんたんエクササイズ

72 Q&A
Q1 キュッと切れ上がったお尻をキープ
するには大きい歩幅で歩くこと
Q2 お尻とお腹の筋肉を鍛えるだけでなく
筋膜のストレッチも効果的

Chapter 5
75 腕まわりや
全身をまとめる

76 First Step
たるみがちな
二の腕を引き締める
"ふりそで"を撃退する
エクササイズ

Key Training

80 ① 腕の裏側の筋肉が
収縮することを感じよう

82 ② 腕立て伏せの応用編
足を離せば効果UP！

84 ③ 肩を鍛えるエクササイズ
かっこいいシルエットをつくろう

86 ④ ケトルベルを使い全身を鍛え
各筋肉の連動性を高める

86 Q&A
Q1 ただ腕を振るだけで簡単にできる
二の腕の引き締め方
Q2 肩の歪みを正していって
全身のシェイプアップにつなげましょう

Chapter 6
91 ストレッチは
正しい姿勢を
「つくり」ます

Stretch

92 ① 肩の後ろのストレッチ
93 ② 腕の裏側の筋肉のストレッチ
94 ③ 背中のストレッチ
95 ④ 胸のストレッチ
96 ⑤ 首のストレッチ
97 ⑥ 腰のストレッチ
ヒップのストレッチ
98 ⑦ 太もも（前）のストレッチ
99 ⑧ 太もも（後）のストレッチ

Yuru Tre Column

32 変な癖は新しい癖で
追い出しましょう

46 足をもっと長く
お尻をかわいく撮る方法

60 数字は見ない！鏡を見る！

74 トレーニング量を増やすより
毎日鏡で自分の姿を見る

90 食事制限は努力ではない

エクササイズを ずっと続ける魔法なんて どこにもない！

エクササイズを続けられないって人も多いハズ。そんな人はこれだけ覚えてください。続ける魔法なんてないんです。

どんなカラダになりたいの？

あなたはどんなカラダになりたいか頭の中でイメージできていますか？目標に近づくためには、時間があったら鏡を見ましょう。少しずつ理想に近づくのがわかるはずです。

カラダを鍛えるなら
バランスよく

理想のカラダを手に入れるにはエクササイズだけでは不十分。定期的に運動をすることで代謝しやすいカラダになるのです。意外に思われるかもしれませんが食事を管理することも大切です！

本気で鍛えたかったら
ジムへ

自宅で頑張るにも限界があります。より効果的な成果を得たければジムに通ってみるのもひとつの手段です。まずは勇気を出して体験してみましょう。

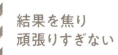

結果を焦り
頑張りすぎない

誰でもエクササイズをすれば結果が出ます。でも、無理をしすぎると疲れが残ってしまいます。開始直後は特に気をつけましょう。

痩せやすいカラダを つくるには入浴の仕方を 変えましょう

入浴は「痩せやすい」カラダをつくるにはピッタリです。温熱効果で代謝が活発になり、筋肉痛も和らげてくれますよ!

9分の入浴は1時間のランに匹敵

効果的な入浴は、9分間、熱めのお湯に肩までつかることです。体に圧力がかかりお風呂から出た時に一気に血流が良くなります。汗が出てきたら水分補給も忘れずに。

Point 2 食事の1時間前か後の入浴が効果的

食後の入浴は血糖値を下げてくれるので、最も血糖値が高くなる食後1時間頃が効果的です。また、食事の1時間前なら内臓が刺激され、空腹感を解消してくれます。

Point 3 お風呂でいろいろ楽しみましょう

コンビニでも入浴剤をそろえているところがあります。入浴剤のなかにはダイエット効果があるものも。中でも、血行を促進する炭酸入浴剤は効果的です。

NG Point

運動直後の入浴はダメ！

運動をした直後に入浴するのは、逆効果です。入浴により、体温が上がり、体表への血流も上がります。それにより、疲労している筋肉への血流が減るのです。

Meru's Difference 3
寝ない人は丸くなる！
理想の眠りを手に入れる

豊かな睡眠をとることは理想のカラダをつくる上で大切です。
深い眠りを得られる工夫を考えていきましょう。

寝るのは
意外に体力がいるのです

人は睡眠時に300kcalを消費します。これは、30分ほどのランで消費するカロリーです。眠りが浅いと代謝やホルモンの分泌が減り、消費効率が悪くなってしまいます。

Point 2　心地よいベッドはなにより大事

質のよい睡眠を獲得するためには、寝心地が大きく影響します。たとえば、就寝中は寝返りをうったり、体は動くものです。ベッドの柔らかさなどにも気をつけましょう。

Point 3　部屋の温度と湿度にも気をつける

心地よい目覚めをするためには、温度と湿度に心を配りたいものです。室温は26度、湿度は50～60％が理想的です。一定に保つことでゆっくりと眠れます。

NG Point

寝落ちや寝酒は絶対にNG

寝酒がNGなのは、アルコールが分解されるときに覚醒作用のある成分が出るから。十分な睡眠がとれないので、疲労が朝に残ってしまいます。

4 ポッコリでっぱる お腹を引っ込める インナーマッスル

お腹だけが出ている人や足を閉じられない人——。
それはすべてインナーマッスルが鍛えられていないからです。

自覚しにくい部位を鍛えるには あまり急がないこと

アウターマッスルと違う鍛え方が必要なインナーマッスル。特に重要なのは、じっくりとその部位を意識すること。ゆっくり動かして、どの効いているかを感じましょう。

深い呼吸で
インナーをより刺激する

肺の周辺にはインナーマッスルが多くあります。深い呼吸によって胸郭が収縮します。無意識にしていることですが、日頃から気をつけることでインナーを刺激できます。

正しい姿勢ではじめよう！

正しい姿勢でエクササイズをするのはキホンですが、インナーを鍛えるときは、さらに大事になります。インナーは姿勢をつくる骨、脊柱や骨盤の周囲につくからです。

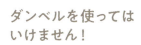

ダンベルを使ってはいけません！

手っ取り早く効果を手にしたいと思っても、インナーを鍛えるのは自重で十分です。むしろ高負荷をかけると、アウターが鍛えられてしまいます。

エクササイズを続けるという簡単なことを続けるには

食べる量を減らして、体をキチンと動かせば、カラダをつくれるはずなのに、なぜかできない。無理せずに、続ける考え方ややり方を教えます。

周囲に宣言して、やる気に火をつける

健康診断を受ける度に、なんとかしなければと思う人も多いハズ。自覚がある人は、まずは周囲に「エクササイズします！」と宣言して、自分を追い込んでみましょう。

一緒にできるパートナーを見つけよう

やる気はあってはじめても長続きしないときは、一緒にできるパートナーを見つけてみるのもよいでしょう。経験者なら、効果的なアドバイスを受けることできます。

無理をしないで自分が楽しむ

短期間で効果が出たら、止めて、リバウンドという人もいます。そういう人はまず、自分が楽しむやり方を考えましょう。ストレスなく続ける方法を見つけるといいですよ。

NG Point

ノルマにしばられない

毎日カラダを動かすことを自分に課すよりも、1週間単位で動かす量を決めておくとよいでしょう。ノルマに追いかけられると、楽しめません。明日頑張ればいいんです。

大切なのは自分に合っている食事の量を知ること!

自分にあった食事の量を把握していますか? まずは自分が口に入れる食べ物のカロリーを把握しましょう。大盛りご飯なら170カロリー増加。それをやめるだけでも随分変わりますよ。

痩せたい理由をきっちりと把握

これまでの食習慣を変えることはむつかしいもの。大切なのは、本人の自覚です。「痩せたい」「かわいくなりたい」という目標をたてて、食事制限はその手段だと考えましょう。

簡単にできる食事制限

やっぱり油脂を摂取するのは、カラダによくないものです。外食が多い人は、揚げ物をたべないようにするだけで効果的です。揚げ物より炒めもの、炒めものより焼きものを頼みましょう。

アルコールは控えめに！

お酒を楽しみにしている人も多いことでしょう。毎日飲むのはあまりおすすめしません。理想は週に2回ぐらい。毎日少しずつ飲むか、週2回にとどめるのか。あなたはどっち？

食べ過ぎた翌日の食事を抜かない

飲みすぎた、食べ過ぎたという日もありますよね。リバウンドを恐れて、翌日の食事を抜くのは逆効果。6食分の食事を少しセーブしてバランスを取りましょう。

Chapter 1

チェストを鍛えるゆるトレ

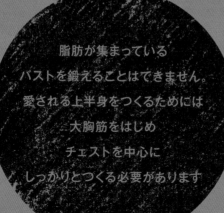

脂肪が集まっている
バストを鍛えることはできません。
愛される上半身をつくるためには
大胸筋をはじめ
チェストを中心に
しっかりとつくる必要があります

First Step 最初の一歩

腕立て伏せをやってみよう まずは膝をついた状態から

胸の基本的なエクササイズといえば腕立て伏せ（プッシュアップ）。胸だけではなく二の腕にも効果があります。10回×3セット

1 両手、両膝を床につけて背筋をまっすぐに伸ばす

肩幅より手のひら一つ分ほど開けた手幅で両手を床につける。足を揃え、両膝も床につける。背筋はまっすぐに

チェストを鍛えるゆるトレ ········ Chapter **1**

ヒジを曲げながら胸を床に近づけていく

両ヒジを曲げて、胸を床に近づけていく。このときも背筋はまっすぐに伸ばしたまま。胸が床についたら、ヒジを伸ばして元の体勢に

plus +1

手のひらの向きは「ハ」の字に

手のひらの向きは指先を内側に向けた「ハ」の字に。ヒジを開きやすくなり、二の腕よりも胸に効きやすくなる

First Step 最初の一歩

胸の筋肉をしっかりと鍛えて バストを下から盛り上げる

　トレーニングで鍛えられるのは主に筋肉です。したがってバストの脂肪部分を大きくするといったことはできません。

　ですが、バストを支える土台である胸の筋肉を鍛えることは可能です。土台がしっかりとすれば、バストは下から盛り上がってきます。

また、バストは靭帯で支えられています。靭帯が弱くなると、バストは垂れ下がっていきます。靭帯は加齢によって、弱くなります。トレーニングには、その靭帯を強くする効果もあります。つまり、トレーニングをしていけば、靭帯が強くなって、バストが垂れ下がっていくことを防げるというわけです。

　胸の筋肉を鍛えるエクササイズは無数にあります。「このエクササイズだけをやっていればいい」というものはありません。それぞれのエクササイズには、それぞれの意味がちゃんとあります。

　基本的な考え方としては、最初はよりたくさんの関節を動かすエクササイズを選んだほうがいいでしょう。

　関節は、筋肉が伸びたり縮んだりすることによって動きます。関節が多く動くということは、たくさんの筋肉が稼働しているということ。よりたくさんの筋肉が稼働しているということは、つまりより多くのカロリーが消費できるということでもあります。

　肩関節と肘関節を動かす腕立て伏せ（プッシュアップ）は、代表的な胸のエクササイズの一つです。「1回もできない」という女の子も少なくないので、まずは床に膝をつけた状態から始めてみてください。

　ポイントは「もうできない！」というところまで自分をしっかりと追い込むこと。本当は10回できるのに5回で止めてしまったら意味がありません。20回ほどがラクにできるようになったら、脚を伸ばして行う、一般的な腕立て伏せに挑戦してみてください。

Key Training ①
キートレーニング

チューブを使って鎖骨の下の筋肉を狙う

胸の上のほうの筋肉を鍛えて"鎖骨美人"になろう。
チューブは量販店などでかんたんに購入できます。15回×3セット

背中に回したチューブを両手で握る

ヒザ立ちした状態で背中に回したチューブを両手に持ち、脇を少し開いて構える。チューブはヒジを曲げた状態で少し張力を感じる程度の長さで握る

チェストを鍛えるゆるトレ ……… Chapter **1**

斜め上の方向に
チューブを押し上げる

斜め上の方向に向かって、ヒジを伸ばしてチューブを押し伸ばしていく。このとき猫背にならないように

One more TIP

腕を少し上に
押し出すイメージ

始動時は肩甲骨を寄せて、胸を張った姿勢をキープ。押し伸ばすときは斜め上方向に向かって両手の親指同士を近付けていくように

Key Training ② キートレーニング

手の平でプレートを挟みチェストの周りを鍛える

力を入れっぱなしの状態でヒジを曲げ伸ばしするだけ。
胸の筋肉にキュッと効く。10回×3セット

1

背筋を伸ばした状態でプレートなどを持つ

ヒジを横に張った状態でプレートなどを持ち、両手でギュッと押す。雑誌などでも代用可。イスに座った状態で行ってもいい

チェストを鍛えるゆるトレ ……… Chapter **1**

力を入れたままヒジを伸ばし プレートを前に押し出す

両手でギュッとプレートを押したまま、ヒジを伸ばして前に押し出す。このとき猫背にならないように

One more TIP

肩周辺の筋肉の 張りをイメージ

チューブを使ったエクササイズ同様、肩甲骨を寄せて胸を張った状態をキープ。両手で押す力は抜かないように

Key Training ③ キートレーニング

バランスボールを活用して より本格的な胸トレを

ダンベルとボールを効果的に組み合わせて
チェスト上部の筋肉を鍛えましょう。10回×3セット

1

バランスボールの上に仰向けに乗る

バランスボールの上に仰向けになって乗り、腰を落として上体に角度をつける。二の腕がボールにつくようにしてダンベルを持つ

チェストを鍛えるゆるトレ ……… Chapter **1**

腰に力を入れて足でふんばる

背中はボールにペタッとくっつける。ボールの曲線に合わせて胸を張り、動作中はその姿勢を維持する

One more TIP

そのままダンベルを真上に押し上げる

ヒジを伸ばして両手の親指同士を近づけるようにしながら、ダンベルを真上に差し上げる

バストを鍛えることはできないのでキープするために必要なこと

バストは、脂肪が集まっている部位なので、鍛えることはできません。大きさは人それぞれですが、年齢を重ねていくと、自然に垂れ、以前とずいぶん形が変わってくるものです。

バストを支えているのはクーパー靭帯です。これはバストの乳腺や脂肪をまとめているコラーゲン腺維の束のこと。乳腺を皮膚や筋肉に繋ぎとめバストの形を保ってくれるバストにとって大切な存在です。靭帯は筋と異なり、伸びたり縮んだりしないので、クーパー靭帯も伸びたり、場合によっては切れてしまうこともあります。

靭帯は鍛えることができないので、バストの形を今のままキープするなら、その土台となっている大胸筋を鍛える必要があります。

簡単にできるのは以下のような方法です。
(1) 両手を肩の高さにして、横に伸ばします
(2) 息を吸いながら、肩甲骨同士をくっつけるように肘を後ろに引く（胸を張る）
(3) 息を吐きながら、手のひらを大きく外側を通しながら前に持っていき、正面で手の甲同士をくっつけます（背中をまるめる）

簡単にできるので、試してみてください。

バストのキープは大胸筋を鍛える

もっとも簡単に
バストをキープするのは
猫背にならないようにすること

　バストを今のままキープするために、気をつけたいことは姿勢です。特に、猫背はバストアップの視点から見ても、胸が育つのに必要な土台となる胸の筋肉が収縮されてしまいます。胸を育とうにも土台が狭くて育たない状態になってしまうのです。猫背でいるということは、バストのキープの邪魔をするだけでなく、胸を小さいままにしまっているということです。

　猫背にならないように気をつけている人もいると思いますが、日常生活で気がつかないことも多くあります。たとえば、パソコンやスマホを長時間見ていると、自然と顔が下がり、肩に力が入って、ずり上がってしまいます。

　そうなると、肩甲骨や肋骨付近につく、僧帽筋やその周辺に筋肉が外側に引っ張られてしまい、背中が大きく開いてしまいます。それが、首、肩、背中のコリの原因となるのです。

　さらに胸は閉じた状態、お腹は縮んだ状態になるので、垂れ乳、ポッコリお腹といった老け感満載のボディラインになってしまいます。

　まずは、意識して、猫背にならないようにしましょう。

猫背はバストの大敵 気をつけて！

Yuru Tre Column

変な癖は新しい癖で追い出しましょう

電車に乗っている時、お茶をしている時、そしてソファーでくつろいでいる時、ついつい座るとやってしまうのが、足組みですよね。骨盤がゆがんでしまうので、体にとってよくないとわかっていても、無意識にやってしまう……という方も多いのではないでしょうか。

実は、足組みは、太る原因につながります。体が歪んでしまうので、血管やリンパ管にも悪影響が出てしまったり……。血液やリンパの流れが悪くなると、冷えやむくみの原因になり、太りやすい体質になってしまうのです。

また、自然と背中が丸くなり、猫背になりやすくなります。

せっかくエクササイズをしても、これではとてももったいないですよね。

なるべく足は組まない！　が、原則。でも、私もついつい組んでしまうことが何度も。だから私は、「足を組んでしまった！」と気づいたら、なるべく組み替えて、均等に組むようにします。

本来は、歪みを作っている姿勢を止めて、正しい姿勢をとるのがベストです。

足を組むのがクセになってしまっている人も多いと思います。「やっちゃったー」と思ってしまう人にとっておきのアドバイスを送ります。

それは、「正しく座るという新しいクセを身につけましょう」です。身についたクセを治すには、新しいクセを身につけるのがベストです。

できるだけ長く、正しく座るためには、体幹を鍛えるのがオススメですよ。

Chapter 2

楽々と無理なく
くびれを
かわいくつくる

かわいくなるのに
最初に気になるのがウエスト
ウエストまわりをキレイに保つには
「伸ばす」ことが大事。
腹筋が「縮む」と
ウエストは太くなるのです。

First Step 最初の一歩
ぽっこり下腹部を解消するベーシックなエクササイズ

いわゆる「足上げ腹筋」でたるんだ腹筋の下部を刺激してしっかりと引き締めていく。10回×3セット

1 仰向けに寝て両足を伸ばし床から少し浮かせる

仰向けに寝た状態で足を伸ばす。両腕は軽く横に開く。両足を少し浮かし、カカトを床につけないようにする

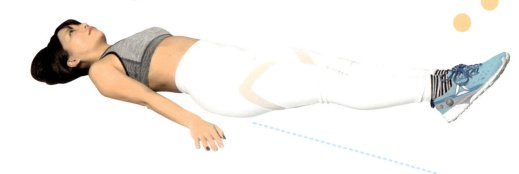

楽々と無理なく くびれをかわいくつくる ……… Chapter 2

ヒザを伸ばしたまま
両足を真上に上げていく

ヒザを伸ばした状態で、両足を真上に上げていく。90度近くまで上げたら、ゆっくりと元に戻す。下ろしたときにカカトは床につけない

上げすぎると
負荷が抜けてしまう
下腹部に
刺激を感じる範囲で

NG

90度を越えて頭のほうまで足を上げていくと、腹筋から負荷が抜け、せっかくの刺激が逃げてしまう。足は下腹部に刺激を感じる範囲内で上げ下げをする

ウエストを構成するいろんな筋肉 まずは腹直筋から鍛えましょう

一口に「ウエスト」といっても、それを構成する筋肉は複数あります。まずは腹直筋。6つに割れた腹筋を「シックスパック」などといいますが、お腹の前面にある、割れる部分が腹直筋です。

その奥のほうには腹横筋という筋肉があり、これはコルセットのような役割を果たしている筋肉です。あまり太っていないのにお腹が前に出てしまっているのは、この腹横筋が弱くなってしまっている可能性があります。腹式呼吸で息を吐いてお腹をひっこめる動作などは腹横筋に効果的なので、日常に取り入れてみるのもいいかもしれません。

また、脇腹のところには斜めに走る腹斜筋という筋肉があります。これは体を横に倒したり、上体を捻ったりすることで鍛えられます。

今回は腹直筋をターゲットにしたエクササイズを紹介していきます。腹直筋は縦に長い筋肉です。トレーニングでは腹直筋の上のほう、下のほうと2つに分けて考えていきます。上のほうは、上体を起こす動作で負荷をあたえられます。クランチなど、「腹筋運動」と聞いて多くの人が連想するエクササイズは腹直筋の上のほうを鍛える種目です。

楽々と無理なく くびれをかわいくつくる ········ Chapter **2**

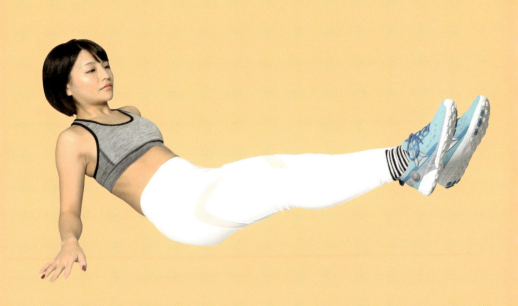

　下のほうの筋肉は、足を上げる動作の際に稼働します。足上げ腹筋（P34-35）は、下腹部のための代表的なトレーニングです。

　女の子だったら、おなかの上のほうより、ぽっこりと出てしまった下のほうを気にする人が多いのではないでしょうか。そんな人は、まずは足上げ腹筋からやってみてください。畳一枚分のスペースがあればできます。

　腹筋を割りたい、シックスパックになってみたいという人は、エクササイズと平行して食事にも気をつけるように。腹筋を鍛えながら、その上を覆っている脂肪を減らすようにダイエットしていけば、自然と腹筋が浮き上がってきます。

Key Training ①
キートレーニング

床に座ったまま下腹部を鍛える
リズミカルに足を入れ替えて

足を上げて行う腹筋運動にはたくさんのバリエーションがあります。ここでは座った状態でできるエクササイズです。5回×3セット

1 床に座って上体を後ろに倒しヒザを伸ばして両足を浮かす

床に座った状態で上体を後ろに倒し、ヒザを伸ばして両足を床から浮かす。両腕は軽く横に開く。お尻でバランスを取りながら、両足をクロスさせる

お尻でバランスを取りましょう　足は横に動かしてリズムよく入れ替えていく

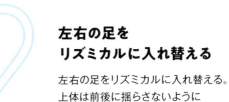

左右の足を
リズミカルに入れ替える

左右の足をリズミカルに入れ替える。
上体は前後に揺らさないように

Key Training 2
キートレーニング

ボールを使って自宅でクランチ
お腹の上のほうを狙ってみる

バランスボールは腹筋運動にも活用できる"使える"アイテム。
ボールの曲面を利用して
腹筋を伸ばした状態からスタートしよう。5回×3セット

1 ボールの上に仰向けに寝て
お腹をストレッチさせる

床に両足をつけた状態でボールに背中を乗せ、仰向けに寝る。ボールの曲面に合わせてお腹をストレッチさせる

上体を起しすぎるのはNG

起き上がりすぎると負荷が抜けてしまう。
起き上がる角度は肩甲骨がボールから離れる程度

One more TIP

2 おへそをのぞき込むようにしながら起き上がる

息を吐きながら、おへそを
のぞき込むようにして起き上がる

Key Training 3
キートレーニング

ボールを引き寄せて
お腹の下を重点的に鍛える

ボールを使った、やや難易度高めのエクササイズ。
足でボールを引き寄せて下腹部を鍛える。5回×3セット

1 ボールに両足を乗せた状態で腕立て伏せの姿勢をつくる

ボールに両足の甲を乗せて、腕立て伏せの姿勢をつくる。背筋を伸ばして、腰は落とさない

NG 背筋を使って体勢をキープ

腰が落ちてしまっているNGバージョン。
動作中、上体はまっすぐにした状態を保つ

One more TIP

ヒザを曲げながら
ボールを引き寄せる

ヒザを曲げながら、ボールを引き寄せる。
足の力ではなく、お腹を縮めながら動作することを意識

毎日何を食べているかを記録 カロリー計算する アプリも使いましょう

Q1

ウエストがぽっこりになってしまうのは気になりますよね。食べすぎたりしていなくても、年齢を重ねていけば、少しずつ体全体のバランスが崩れていくものです。その場合、特に目立ってしまうのが、お腹です。効果的なのは、姿勢を整えることです。それによって内臓をもとの位置に戻し、内臓の機能をアップさせ、骨盤まわりの血液やリンパの流れを改善させます。

もうひとつ効果的なのが、毎日口にするものを記録することです。「今日は何を食べたのかしら」と記録を見直すことで意外な発見があります。思っていたより甘いものを食べていたとか、揚げ物が多いとか、見直せば、翌日甘いものや揚げ物を控えるようになるものです。

食生活を記録すると、カロリーを計算してくれる便利なアプリもあります。外食やコンビニを利用する際も、上手にメニューを選びカロリーダウンを心がけましょう。

自分が食べている記録を残しましょう

朝食抜きは絶対にダメ！
体に必要な栄養は
きっちり摂取しましょう

膨らんだお腹をひっこめるには、ダイエットも効果的ですが、やり方には十分気をつけてください。間違ったやり方で進めてしまうと、必要な栄養も摂取できず、体を痛めるだけになってしまいます。

絶対にやってほしくないのが、朝食を抜いたり、昼食にサラダだけとか、カロリーゼロの食品ばかりを食べることなどです。摂取するカロリーを減らして、体重を減らすのは、やらないほうがいいと思います。この方法だと、脂肪だけでなく、体を維持する骨格筋まで減らしてしまいます。また疲れが取れない、冷える、胃腸の調子が悪いなどの体全体の不調につながります。

脂肪を燃やすには、内臓が活発に機能しなければいけません。そのためには、食べるべきものを食べる必要があります。

また、睡眠も大切です。不足すると、疲れが取れず、ダイエットの効果が薄れることがわかっています。よく寝て、すっきりとした気持ちで体を動かすことが、ダイエットにもよい結果をもたらしてくれます。

朝食抜きは
絶対にダメ！

Yuru Tre Column

足を
もっと長く
お尻をかわいく
撮る方法

　せっかく筋トレを頑張ったら、その努力の証は写真に収めたいもの。モチベーションも上がります。

　全身を自撮りするとき、私はアウトカメラで、鏡越しに撮影します。

　スマホは、胸のあたりの高さで構えて、なるべく傾かないようにしましょう。

　ヒップを映すときは、片足のつま先を上げて、お尻の位置を高く！　すると、よりきゅっと上を向いたお尻に見せられます。私はよく、つま先立ち気味で後ろを振り向きながら撮っています。

　脚を長く見せるにはコツがあります。

　ちょっとお尻を引いて、片足を前に出すか、片足のつま先を立てて、腰を少し前に出します。鏡に映る脚の面積が増えるので、ただ棒立ちするより脚を長く、細く見せることができます。

　ボディではありませんが、複数人を顔メインで自撮りをするとき、少しでも小顔に見せたいですよね。そんなときは、みんなより後ろに下がるに限ります！　レンズが広角に写るので、あまり前に出てしまうと顔がとても大きく写ってしまい、あとでガッカリします。

　ちなみに旅行など、大人数で撮影する場合は、なるべく真ん中の位置を確保しましょう。

　スマホやデジカメのレンズは、広く写るようになっているので、どうしても外側が歪んでしまいます。レンズの中心から離れた位置にいると、少しだけですが、膨張して写ってしまうのです。

　小顔&細く撮るなら、真ん中がオススメです！　ススっと動いてベストポジションをキープしましょう。

Chapter 3

鍛えにくい背中も
ちゃんとゆるトレ

家でエクササイズをするとき
鍛えにくいのが背中です。
そこで効果的なのが
チューブなどを使うことです
チューブがなければ
タオルを使ってみましょう。

First Step 最初の一歩

背中を鍛えるには
チューブを使い「引く」動作を

背中のトレーニングは「引く」動作が中心。チューブを使って肩甲骨を寄せる動きを行います。15回×3セット

1

両足でチューブを踏み
前かがみになる

両手でチューブを握り、その中央を両足で踏む。お尻を後ろに突き出すようにして前かがみになる。このとき、チューブは少し張力を感じるくらいの短さで握る

鍛えにくい背中もちゃんとゆるトレ .... Chapter 3

肩、腕の力は使わない ポイントは肩甲骨

写真は肩の力で引いてしまったNG例。背中のトレーニングのポイントは肩甲骨の動き。感覚を掴むのが難しいので、ヒジを引いて肩甲骨を寄せ、背中の筋肉が収縮している感覚から覚えていく

NG

姿勢を保ったまま 両ヒジを後ろに引く

前かがみの姿勢を保ったまま、両ヒジを後ろに引き、肩甲骨を寄せていく。肩はすくめない。肩甲骨が寄っていることを感じたら、ゆっくりと元に戻す

First Step 最初の一歩

意識するのが難しい背中の筋肉
まずは前傾姿勢をしっかりと

　胸のトレーニングは腕立て伏せなど「押す」動作が中心になりますが、背中のトレーニングは「引く」動作が主になります。懸垂のように腕を上から下ろす、ボート漕ぎのように腕を前から後ろに引く、バタフライのように腕を前側に下ろすなどで背中の筋肉は動きます。

　ジムなどにいけば背中を鍛えるためのマシンはたくさんありますが、自宅で器具ナシで実践するのはなかなか難しいです。懸垂ができそうなぶら下がれる場所も家のなかにはないものです。また、もしそのような場所があったとしても、男性と比べると握力や上半身の筋力が弱い女の子は普通、懸垂なんて1回もできないものです。

　今回は家で簡単にできる背中のトレーニングを

紹介します。

　背中のトレーニングでポイントになるのは肩甲骨の動きです。肩甲骨を斜め上に上げて、斜め下に下げる（懸垂の動き）、肩甲骨を広げて、寄せる（ボート漕ぎの動き）など。懸垂の動きはちょっと難しいですが、ボート漕ぎの動きはチューブがあれば可能です。固定したチューブを引き、肩甲骨を寄せていくのです。

　ここで注意すべきは前傾みの姿勢のつくり方。ヒザを前に出してカカトを上げながらしゃがむのではなく、お尻を後方に突き出しながら上体を前傾させていきます。後で紹介するスクワットの動作と、要領は一緒です。

　次頁から紹介する背中のエクササイズは、基本的はこのベントオーバーロウイングの応用になります。ヒジを後ろに引いて、肩甲骨を寄せる。このとき、胸はしっかりと張るようにします。まずはこの感覚をつかみましょう。背中は自分では目で見て動きが確認できないため、鍛えるのが難しい場所です。なので最初のうちは目をつむって意識を背中に集中させながら感覚を養うのもいいかもしれません。

Key Training ①
キートレーニング

ダンベルを活用して自宅で背中のトレーニングを

ネットや量販店でかんたんに手に入るダンベルでも背中のトレーニングはできます。台と組み合わせてエクササイズをしましょう。15回×3セット

1

台に手とヒザをつきダンベルを持つ

台に手とヒザをつき、背筋を伸ばした状態で前かがみになった姿勢をとる。台についていないほうの手にダンベルを持つ

鍛えにくい背中もちゃんとゆるトレ ……… Chapter 3

頭は上げて
上半身を上向きにする

背中が丸まってしまったNG例。動作中は背筋を伸ばした状態をキープ。視線は下げず、前を見ると胸を張りやすくなる

NG

One more TIP

後ろのヒジを引きながら
ダンベルを引き上げる

ヒジを後ろに引き、ダンベルを腰のあたりまで引き上げる。胸を張って、肩甲骨を寄せる

2

Key Training ②
キートレーニング

立ってやるのが難しければ座った状態でチューブを引く

前傾姿勢をつくるのがうまくいかない人は、こちらを試してみよう。
背筋を伸ばしてしっかりと胸を張って。10回×3セット

1

両ヒザを伸ばして座り足裏にチューブを引っかける

両ヒザを伸ばして座り、足裏にチューブを引っかける。チューブは少し張力を感じるくらいの短さで握る

鍛えにくい背中もちゃんとゆるトレ ……… Chapter **3**

背筋は伸ばしたまま
ヒジを後ろに引く

両ヒジを後ろに引き、肩甲骨を寄せていく。肩はすくめない。肩甲骨が寄っていることを感じたら、ゆっくりと元に戻す

ヒジを引くことで
肩甲骨を寄せます

要領としては、「前にならえ」の状態で肩を前に出し、肩を後ろに引きながら、同時にヒジを引いていく

Key Training ③
キートレーニング

胸にも効果のあるエクササイズ
肩関節の健康にもGOOD!

ダンベルと台を組み合わせて行う
背中、胸、二の腕にも効く万能エクササイズ。10回×3セット

1

**台に背中をつけ
ダンベルを構える**

台に背中を乗せて、お尻を少し沈ませた状態でダンベルを構える。台と体が十字になるように

鍛えにくい背中もちゃんとゆるトレ ……… Chapter **3**

NG

腹筋を使い
体勢をキープする

動作中はお尻を上げたり下げたりしない。腕は極力、伸ばした状態で

One more TIP

バンザイをするように
両腕を下ろしていく

バンザイをするように両腕を後方に下ろしていく。このとき、お尻は浮かさない。腕を下ろしきったら、ゆっくりと元の体勢に戻す

猫背になると
まずは背中がゆるむ
姿勢を正すのが最初の一歩

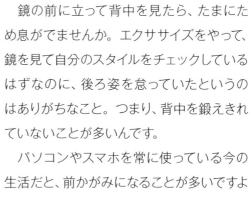

鏡の前に立って背中を見たら、たまにため息がでませんか。エクササイズをやって、鏡を見て自分のスタイルをチェックしているはずなのに、後ろ姿を怠っていたというのはありがちなこと。つまり、背中を鍛えきれていないことが多いんです。

パソコンやスマホを常に使っている今の生活だと、前かがみになることが多いですよね。それで背中が丸くなった姿勢のままの人が多いようです。すると、背中の筋肉が次第に衰えてきます。背中の筋肉が衰えると、脇やお腹のあたりのたるみにつながります。そして、肩こりの一因となります。背中のエクササイズをおろそかにすることは、何ひとついいことがないのです。

猫背を解消するには姿勢を正すのがよいのですが、簡単にできます。まず、椅子に座るときは背もたれに寄りかからず、座の手前のほうにお尻を置き、背筋を伸ばします。これだけでOK。背筋が伸びて、理想の姿勢になります。

猫背の修正は
正しい姿勢が
イチバン！

なかなか 気が回らない部位だから 下着にも気を配って

　前を歩いている人の背中を見て、その雰囲気からキレイな人だなあと思うこともありますよね。服装や歩き方からそう感じるのかもしれませんが、背中がステキだから、キレイと思うこともあるはずです。

　背中に脂肪がつくと、どっしりとした印象になるので、年配の印象が強くなります。また、背中がたるむとくびれも消えてしまうので、カラダのシルエットが四角になってしまいます。キレイに見られたい、若く見られたいと思うなら、やはり背中のエクササイズは欠かすことができないですね。

　また、キレイな背中をつくるには、身につける下着にも気を配りましょう。小さく見えるために、小さめなサイズのブラジャーをつけると、ブラが背中を圧迫して、全身の血流が悪くなります。そして、悪くなった部位に、脂肪がついてしまうのです。

　背中は、なかなか見にくい部位なので、他の部位以上に、気をつけてみるようにしましょう。そして、ケアを決して忘れないようにすることが大切です。

小さい下着は体を締めつけるのでNG!

Yuru Tre Column

数字は見ない！
鏡を見る！

　体重計に乗っては一喜一憂。0.1kgでも増えていると不安で仕方がない……。

　確かに、体重はダイエットするときに気になる数字です。目安だと思えればいいのですが、体重のわずかな増減に心が振り回されてしまうのはNG。

　筋トレをしている場合、筋肉は重さがあるので、体重だけ見ていると成果を感じづらく、心が折れてしまいがちです。

　そこで、数字は一切気にしないのがコツ。特に体重は、1日の間にちょっとしたことで増減します。

　食べたり、飲んだりしただけでも、1kgくらいはすぐ変わってしまいます。

　また、生理前は水分を溜め込みやすいですし、便秘になってもやはり増えてしまいます。人によって、骨格や体質が違うので、自分と同じ身長のモデルの体重だけを目指しても意味がありません。

　せっかく順調に筋肉がついていても、体重を気にして、無理な食事制限をしてしまったら、もう本末転倒！　体重計はいっそ乗らない！　くらいでOK。数字は気にしないでくださいね。体重を見ない代わりに、見るのは鏡！

　筋トレをした日、または毎日、鏡の前で体のラインをチェックします。できれば、毎日同じ時間、タイミングで見るようにしてください。

　鏡を見ながら、理想のボディラインと比べてどこがどのくらい違うのか、そしてどれくらい近づいてきたのかをしっかり目に焼き付けましょう。

　そのときはダイエット記録代わりに、同じポーズで写真を撮るのがオススメ。

　まずは2週間、写真日記をつけてみてください。2週間きちんと筋トレをがんばっていれば、写真を見比べたとき必ず変わっています！

　そのビフォーアフターが、大きなモチベーションになります。

　ダイエット前は、現実を見るのが辛いときもあるかもしれませんが、毎日筋トレして、鏡を見ているうちに、自分の体のことが好きになれるはずです。

　ダイエットの究極の目的は、自分のことを好きになること。自信を持つこと。

　数字に振り回されて自分を好きになれないようなダイエットは、いいダイエットとは言えないのです。

Chapter 4

やわらかくて かわいいヒップを 「育てる」ゆるトレ

ヒップに悩んでいる人は
多いでしょう。
ゆるトレで固くなっている部分をほぐして
普段使わない筋肉を刺激することで
やわらかくてほどよいヒップが
できあがります！

First Step 最初の一歩

キング・オブ・エクササイズ スクワットをマスターしよう

ヒップの筋肉に効果テキメン。下半身を引き締めたいならまずはこれ。20回×3セット

1

背筋を伸ばして立ち 両手を胸の前で組む

背筋を伸ばして肩幅くらいのスタンスで立ち、つま先は自然な角度で外に向ける。両手は胸の前で組む。耳の横に手を持ってきても可

やわらかくてかわいいヒップを「育てる」ゆるトレ ……… Chapter 4

"しゃがむ"というよりその場に"座る"ように

和式トイレに座るような感覚でお尻を下げていく。ふとももが床と平行になるまでお尻を下げたら、ゆっくりと元の体勢に戻る

鍛える部位によって足幅を変えましょう

一般的なスクワットは肩幅くらいのスタンスで立つが、太ももの内側も鍛える場合は、肩幅よりも広い足幅で立つ。あまりに足幅が広すぎると深くしゃがめなくなるのでほどよい広さで

First Step 最初の一歩

はっきり言ってキツいけど それ相応の見返りはあります

　近年、女子のあいだでブームになっているヒップのトレーニング。胸の筋肉を鍛えればバストの脂肪が盛り上がるように、お尻の筋肉を鍛えたらヒップの脂肪も盛り上がります。トレーニングすることで、丸く盛り上がった、かつ引き締まったお尻をつくることができます。

　まず行うべきは、「キング・オブ・エクササイズ」と呼ばれているスク

ワットでしょう。スクワットでは股関節、ヒザ関節、足首の関節と、多くの関節が稼働します。またお尻の筋肉だけなく、太ももの前と後ろ、内側と多くの筋肉を使います。はっきりいってキツいエクササイズではありますが、消費カロリーも高く、鍛えたい人にとっても痩せたい人にとってもたくさんの効果を期待できるトレーニングです。キツいけど、それ相応の見返りはあります。

ただ、「しゃがみ方がよくわからない」という人も少なくはありません。ヒザを前に出さない、つま先ではなくカカトに重心を置く、股関節からしゃがんでいく…、頭で考えながら行うと、なかなかうまくできないものです。

ですが、人は誰でもしゃがめます。和式トイレで用を足す要領で、お尻を下げていってください。できますよね？　それでいいんです。ヒザが前に出すぎない、正しいスクワットのフォームになっているはずです。

太ももの内側のたるみが気になる、という人も多いでしょう。普通、スクワットは肩幅くらいの足幅で立ちますが、太ももの内側も鍛えるために、肩幅よりもやや広いスタンスで立つようにします。

スクワットができるようになれば、その他の前傾姿勢をとるようなエクササイズも上手にできるようになります。ヒップアップ以外にもさまざまなメリットがあるエクササイズなので、まずはやってみましょう。日常生活のなかでしゃがんだり立ったりすることが少なくなった現代人にとっても必要なエクササイズといえます。

Key Training ① キートレーニング

ダンベルを使って
お尻ともも裏を狙い撃ち

お尻、もも裏の筋肉が伸びるのを感じながら鍛えましょう。10回×3セット

**両手でダンベルを持ち
腰幅程度のスタンスで立つ**

両手でダンベルを持ち、足を腰幅くらいに広げて立つ。背筋はまっすぐに伸ばす

やわらかくてかわいいヒップを「育てる」ゆるトレ ……… Chapter 4

ゆっくりバランスをとり
ながら上体を傾けます

ラクにできるようになったら片足を上げた状態でやってみよう。上げたほうの足は、もう片方の太ももと同じ高さになるように。ヒザはまっすぐに伸ばす

One more TIP

背筋を伸ばしたまま
お尻を後ろに突き出す

背筋を伸ばしたまま、お尻を後ろに突き出す。ヒザは軽く曲げる程度。しゃがむように、深くは曲げない。お尻、もも裏の筋肉が伸びていることを感じたら、元の体勢へ

Key Training ②
キートレーニング

イスなどを使って
バランスを取りながらの尻トレ

難易度はやや高め。
ゆっくりとていねいな動作で行おう。10回×3セット

1

**両手でダンベルを持ち
足をイスに乗せる**

両手でダンベルを持って立ち、
足の甲をイスなどの段差に乗せる

やわらかくてかわいいヒップを「育てる」ゆるトレ ……… Chapter 4

NG

上体の姿勢に気をつけよう

前に倒しすぎないように。また、動作はゆっくりとていねいに。後ろ足のヒザは床にはつけないようにする

One more TIP

2

おへそを太ももに近づけていく

おへそを太ももに近づけながら、前足のヒザを曲げ上体を倒していく。背筋は伸ばしたまま

Key Training ③
キートレーニング

寝たままの状態でもできる かんたんエクササイズ

両ヒザを立てた状態でお尻を持ち上げるだけ。
でもマジメにやれば、けっこうキツい。10回×3セット

1

床に仰向けに寝た状態で両膝を立てる

床に仰向けに寝た状態で両ヒザを立てる。両腕は軽く横に開く

タオルを使って内ももを鍛える

座ったままで簡単にできるエクササイズがこれ。たたんだタオルをヒザの内側で挟んでぎゅっと締めるだけ

One more TIP

2 背中をつけた状態から腰を上げる

そのまま腰を真上に持ち上げる。このとき体は一直線になるように。お尻、もも裏の筋肉が収縮したのを感じたら1秒静止して、元の体勢に戻る

キュッと切れ上がった
お尻をキープするには
大きい歩幅で歩くこと

Q1

大きく歩いて
ヒップを
育てる!

　お腹の次に女性が気になるのは、やっぱりお尻がたれてくることですよね。バストのコラムでも触れましたが、ヒップをたるませないために大切なのは、姿勢です。姿勢の癖をリセットすると、筋肉を伸ばすことができます。そして、日々のエクササイズで、使っていない筋肉を鍛えることで、バランスが改善され、きれいな形をキープすることができるようになります。

　お尻を形作っている筋肉は２つあります。大臀筋と中臀筋がそうです。この２つの筋肉を効果的に鍛えるのは、比較的簡単にできます。それは、歩くこと。いつもより歩幅を広げてお尻を意識して歩いてみましょう。ポイントは、足を後ろに運んだ時に膝裏が伸びて、体よりも後ろ側までいくことです。

　毎日会社に行く時、ランチに出かける時、歩幅を意識することで、あなたのお尻の形をキープできます。ぜひ試してみてくださいね。

お尻とお腹の筋肉を
鍛えるだけでなく
筋膜のストレッチも効果的

お尻のたるみを段階的に分けてみます。

まず第1段階は、お尻の下の部分がたわんできた状態。第2段階はウエスト周辺のメリハリもなくなり、お尻が四角い形になった状態。第3段階は、全体的に垂れてしまう状態です。できるだけ、次の段階に進まないように、もしくはそのスピードに遅らせる方法を考えてみましょう。

お尻を形作るのは大臀筋という大きな筋肉です。お尻の形をキープするには、鍛えなければいけない筋肉なのですが、それだけでは不足しています。腹部の前面にある腹直筋を上手に鍛えないと、お尻がたるんでしまいます。つまり、大臀筋と腹直筋を効果的に鍛えることが、お尻のたるみを防ぐことになるのです。

また、筋膜をほぐすこともお尻のたるみを防ぐのに効果的です。筋膜は全身を覆っているタイツのようなもの。このタイツにヨジレができてくると、筋肉の動きが悪くなって、いい姿勢を取りにくくなります。解消するには全身を伸ばすストレッチがベストです。筋膜は筋肉と違い、伸びるのに時間がかかります。60秒から90秒と少し長い時間をかけましょう。

筋膜のストレッチを
効果的にして
豊かなヒップを！

Yuru Tre Column

トレーニング量を増やすより 毎日鏡で自分の姿を見る

トレーニングすればするほど引き締まるはず！　きっとそう思っている人も多いでしょう。しかし、単に重量や回数を増やせばいいというものではありません。

気を付けたいのが、各種の筋トレには決まったフォームがあるということ。

フォームが正しくないと、そのトレーニングで強化する目的の筋肉部位とは違う部位に負荷を与えることになってしまいます。また、場合によっては筋肉や関節を痛めることにもなりかねません！

筋トレの重量や回数をむやみに増やすより、しっかり鏡を見るのが大事。筋トレの姿勢とフォームを確認して、トレーニングをより効果のあるものにしていきましょう。筋トレ中は、目的の筋肉に負荷がきちんとかかっているかを確認しながら。最初はわかりにくいかもしれませんが、意識していると必ずわかるようになりますよ。

ジムなどで筋トレする場合、トレーナーにフォームが正しいかどうかチェックしてもらえます。ぜひ聞いてみてください。

Chapter 5

腕まわりや全身をまとめる

腕や肩は鍛えやすい部位ですから
比較的エクササイズの効果が
すぐに出ます。
「鍛える」という実感を感じましょう。

First Step 最初の一歩

たるみがちな二の腕を引き締める"ふりそで"を撃退するエクササイズ

二の腕は日常生活ではあまり使わない場所。だからこそトレーニングでしっかり刺激することが大事。15回×3セット

**ダンベルを両手で持って
ヒジを曲げて後頭部で構える**

座って行ってもOK。ダンベルを両手で持ち、ヒジを曲げて後頭部で構える。上腕はできるだけ耳に近づける

1

腕まわりや全身をまとめる ……… Chapter 5

2

**ヒジを伸ばして
ダンベルを持ち上げる**

ヒジを伸ばしてダンベルを頭上に持ち上げる。
支点が肩関節ではなくヒジになるように

ヒジは横に広げない
できるだけ耳の近くに

スタートでヒジを横に広げないように。上腕はできるだけ耳に近い位置で固定する

77

First Step 最初の一歩

あまり使わない筋肉だからこそ
しっかりとトレーニングを

腕の裏側がタプタプしてきた、腕を振ると"ふりそで"がプルプルと揺れる。そんな悩みを持つ女の子は少なくないでしょう。

お尻やウエストと同様に、腕もトレーニングすることで引き締めることが可能です。腕のヒジから上の部分、上腕には力こぶの部分の筋肉と、その裏側に位置する筋肉があります。日常的によく動かす部分に脂肪はつきづらいものです。力こぶの部分の筋肉はものを持ち上げたり、引っ張ったりするときに使います。なので力こぶの部分がタプタプの脂肪で覆われている人はあまりいないと思います。また手で何かを持ったり、つかんだりするときは前腕の筋肉を使います。ここも日常的な動作でよく使うので、前腕が太っているという人もいないものです。

でも、腕の裏側の筋肉は日常ではめったに使うことがありません。この筋肉は、ヒジを曲げた状態から伸ばすときに働きます。腕立て伏せのような押す動作ときには補助的に使われますが、普段の生活でそういった動作はほとんど行いません。腕の裏側の筋肉をダイレクトに使うのは、拭き掃除をする時くらいでしょうか。

普段はあまり使わないのならば、

腕まわりや全身をまとめる ……… Chapter 5

トレーニングでなんとかしていくしかありません。腕を真上に伸ばした状態でヒジを曲げると、腕の裏側の筋肉はストレッチされます。筋肉を伸ばした状態から、縮めていく。まずは前項で紹介したエクササイズから始めてみてください。

また、かっこいいシルエットをつくるには肩も大切。この場合の肩は肩凝りがする部分ではなく、肩パットの位置にある筋肉のことを指します。

肩の筋肉がある、なしでお洋服の着こなしも変わってきます。合わせて肩のトレーニングもやっていきましょう。

Key Training ①
キートレーニング

腕の裏側の筋肉が収縮することを感じよう

ヒジを支点にして弧を描くようにダンベルを引く。
キュッとした感覚がくれば正解。15回×3セット

1

前かがみの体勢をつくってダンベルを持つ

腰幅くらいのスタンスで立ち、お尻を引きながら前かがみになる。その状態でヒジを後ろに高く引き、ダンベルを持つ

腕まわりや全身をまとめる .... Chapter **5**

ヒジを支点にして ダンベルを持ち上げる

前かがみの体勢を維持したまま、ヒジを支点にしてダンベルを体の後ろ側に持ち上げていく

One more TIP

動作中、ヒジの位置は下げない

動作中、ヒジの位置は下げないように。ヒジは上腕が床と平行になるくらいの高さで固定

Key Training ②
キートレーニング

腕立て伏せの応用編
足を離せば効果UP！

台などを活用して難易度高めのエクササイズに挑戦。
ヒジを伸ばして体をぐいっと持ち上げてみよう。10回×3セット

**台などに
両手をついて
ヒジを伸ばす**

台などに両手をついてヒジを伸ばす。手幅は肩幅程度の自然な広さで。足は軽く曲げた状態で前に置く

腕まわりや全身をまとめる ……… Chapter 5

ヒジを曲げて体を沈め
そこからグイっと持ち上げる

ヒジを曲げて体を沈め、そこからグイっと持ち上げる。キツい場合は足の力でアシスト。慣れてきたら、足を体から離した位置に置いてみよう

One more TIP

ヒジは横には開かない
折りたたむようにして
体を沈める

ダンベルを使ったエクササイズ同様、ヒジは横には開かない。折りたたむようにして体を沈めていく

Key Training ③
キートレーニング

肩を鍛えるエクササイズ
かっこいいシルエットをつくろう

肩の筋肉がある、なしでお洋服の着こなしも変わってきます。
メリハリのあるアウトラインをつくりましょう。15回×3セット

1

**腰幅くらいの
スタンスで立ち
両手にダンベルを持つ**

腰幅くらいのスタンスで立って、両手にダンベルを持つ。上体はやや前に傾ける。背筋は伸ばした状態で

腕まわりや全身をまとめる ……… Chapter **5**

2

ヒジの内側を
前に向けるようにして
ダンベルを
真横にすくいあげる

ヒジの内側を前に向けるようにしてダンベルを真横にすくいあげる。腕は床と平行になるくらいの高さまで上げる

One more TIP

意識はヒジに集中する

腕で上げるというよりも、ヒジですくうという意識で。一瞬、静止してからゆっくりと元に戻す

ケトルベルを使い全身を鍛え各筋肉の連動性を高める

股関節を使ってリズミカルに「しゃがむ→立つ」を繰り返します。
10回×3セット

1

両手でケトルベルを持って構える

ネットなどで購入できるケトルベルを両手で持つ。肩幅くらいのスタンスで立ち、お尻を後ろに引いて構える

腕まわりや全身をまとめる ……… Chapter 5

2 ケトルを股の間に振りおろす

ケトルを股の間に振りおろし、腰を前に出すようにして股関節を使い、勢いよくケトルベルを振り上げる

3 股関節を使って勢いよく振り上げる

どこか一つの筋肉を鍛えるのではなく、全身の筋肉を連動させて行うエクササイズ。「効かせる」などの意識は持たなくていい

ただ腕を振るだけで簡単にできる二の腕の引き締め方

Q1

腕を振るだけで効果十分

　プニプニとした二の腕が気になるのは、やはり春夏の衣替えの時期、それまでよりも薄着になってしまうときですよね。半袖やノースリーブのシャツを身につけたときは、二の腕の見え方が気になったりしますよね。

　二の腕を引き締めてみせるために、腕のエクササイズをするのも確かに効果的ですが、肩と背中のエクササイズでも、たるみをある程度セーブすることができます。

　肩凝りや背中の凝りは、そのままにしておくと、どんどんと腕の可動域を狭くしていきます。そうして腕の筋肉が衰えていき、二の腕に脂肪がつき太くなるというサイクルです。二の腕をスッキリさせるためには、肩凝りと背中の凝りを解消することが効果的です。

　二の腕に効果的なのはただ腕を振るだけ。後ろに大きく振ることを意識してください。肩甲骨を大きく可動させることで、背中の凝りも解消されます。時間は1分ぐらいで十分です。これによって体幹も鍛えられるので、代謝もアップして、ダイエット効果もあります。ぜひ試してみてください。

腕まわりや全身をまとめる ……… Chapter 5

肩の歪みを正していって
全身のシェイプアップに
つなげましょう

　肩の見え方って、気にする人はあまりいないんじゃないでしょうか。生まれつき肩幅が広いんだと思って、何もしていない人もいると思います。きちんとケアしてあげると、冷え性や肩こりの解消になるんです。

　肩が凝るという人は、姿勢が悪いから肩の関節が歪んでいる可能性があります。そのため、肩周りに必要のない肉や脂肪がついてしまっているのです。他の部位と違って、肩は動かさないと、すぐに運動不足になってしまい、筋肉が落ちてしまいやすいのです。それが肩の歪みにつながっていきます。そして、肩が歪むと、老廃物がたまり、血液のめぐりの悪いカラダになります。

　簡単にできる肩周りのケアは、ただ肩を上下するだけ。息を吸いながらゆっくり肩を上げます。次に、ゆっくり履きながら肩を元の位置に戻します。たったそれだけです。

　歪みが取れれば肩周りの老廃物も流れやすくなりますし、筋肉のバランスも良くなっていきます。それが全身のシェイプアップにもつながっていくのです。

肩を上下する
だけで
コリ解消

Yuru Tre Column

食事制限は努力ではない

みなさんは今まで、どんなダイエットに取り組んできましたか？

私も20代のはじめまでは、細ければ細いほどいいと思って、食事を抜いて痩せようとしました。

アイドル体重と呼ばれる35kgまで落としても体調に支障はなく、周りからほめられてうれしかった！

でも、気づいたら拒食症の域にまで達していたんです。食べるのが苦痛で、友だちとのごはんも楽しめなくなっていました。

そんな私も筋トレをはじめて、自然に食べられるようになりました。

最初は食べるという行為に慣れていなかったので、大変でした。どうしても罪悪感を感じてしまうのです。でも、理想の体形に近づくにつれて、罪悪感も徐々に消えていきました。

今はっきり思うのは、「食べるのも努力」ということ。「食べない」は、結局努力じゃなくてただの我慢でしかありません。それで痩せたとしても、筋肉が落ちるだけでキレイな体にはなりません！

痩せていると、確かに洋服は似合います。でもだからといって食べないと、肌が荒れますし髪のツヤもなくなります。いきすぎると歯もボロボロになりますし、月経も止まります。疲れやすくなるので、せっかく痩せたのになにも楽しめなくなってしまいます。

メリハリのあるくびれや、ぷりっとしたお尻。そんな女性らしい体は筋トレでしかつくれません！自信もついて、外見も内面もきれいになれます。

一生モノのきれいをつくるのが筋トレなのです！

まずは、体重や体のサイズにとらわれず、一心にトレーニングを！

自然と自分にとって理想の体がつくられていくと思います。

Chapter 6

ストレッチは正しい姿勢を「つくり」ます

体を動かす前は
筋肉が凝り固まっているので
ほぐしてあげましょう。
その次に、少しずつ
全身の筋肉を伸ばしていき
準備完了です。

Stretch

肩の後ろのストレッチ

ヒジをもう片方の腕で引きつける

ヒジをまっすぐ伸ばして、もう片方の腕で胸に引きつける。肩の後ろ側の筋肉が伸ばされていることを感じよう。息を止めずに15秒から30秒

反対側も同様に

反対側も同様に行う。息を止めずに15秒から30秒

Chapter 6 ストレッチは正しい姿勢を「つくり」ます

Stretch 2
ストレッチ

腕の裏側の
筋肉のストレッチ

腕を上げて頭側に倒す

腕を上げてヒジを曲げ、もう片方の手で軽く引きながら頭の方向に倒していく。息を止めずに15秒から30秒

反対側も同様に

反対側も同様に行う。息を止めずに15秒から30秒

背中のストレッチ

両手を胸の前で組む

ヒジを伸ばし、
両手を胸の前で組む

肩を前に出し、腰を後ろに引く

肩は前に出し、同時に腰を後ろに引く。肩甲骨が横に広がるのを感じながら。息を止めずに15秒から30秒

ストレッチは正しい姿勢を「つくり」ます ……… Chapter 6

胸のストレッチ

後ろで手を組み、胸を突き出す

体の後ろで手を組み、胸を前に突き出す。息を止めずに15秒から30秒

首のストレッチ

**腕を腰に回し、
もう片方の手で側頭部を持つ。**

引っ張るのではなく、腕の重さで自然と首を伸ばす。息を止めずに15秒から30秒

反対側も同様に

反対側も同様に行う。息を止めずに15秒から30秒

Stretch 6 ストレッチ

腰のストレッチ
ヒップのストレッチ

腰のストレッチ
ヒザを立てて腰を横に捻る

足を伸ばし、片方の足はヒザを立て、伸ばしている足の外に。立てたヒザにヒジを置き、腰を捻っていく。息を止めず15秒から30秒

お尻のストレッチ
**ヒザを抱えて
お尻を伸ばす**

両方のヒザを曲げ、立てたほうのヒザを抱きかかえるようにして胸に近づける。息を止めずに15秒から30秒

太もも（前）のストレッチ

1 ヒザを折り、上体を後方に

ヒザを折り、上体を後方に傾ける。もう片方の足は伸ばしたまま。息を止めずに15秒から30秒

2 柔らかい人は、さらに倒そう

柔軟性のある人ならば、さらに上体を倒してみる。息を止めずに15秒から30秒

Chapter 6 ストレッチは正しい姿勢を「つくり」ます

太もも(後)のストレッチ

1 足を伸ばしてつま先を持つ

開脚し、片方のヒザは曲げ、もう片方の足のつま先を持つ。おなかを太ももに近づけるようにして上体を倒す。
息を止めずに15秒から30秒

2 反対側も同様に

反対側も同様に行う。
息を止めずに15秒から30秒

meru（メル）

主にナイアジムにてインストラクターとして活動。ネット配信番組に出演するなど、タレント活動もおこなっている。座右の銘は「胸は才能、お尻は努力」。

Instagram @meruchi0131
twitter @boo_meru_tyyy

Staff

写真　　　　　金城聖子
ブックデザイン　Grid Co. Ltd.
取材協力　　　藤本かずまさ
校正　　　　　池田研一

視覚障害その他の理由で活字のままでこの本を利用出来ない人のために、営利を目的とする場合を除き「録音図書」「拡大図書」等の制作を認めます。その際は著作権者、または、出版社までご連絡ください。

ふわ♥かわ　愛されるカラダをつくる

ゆるトレ

2019年4月25日　初版発行

監　修　meru
発行者　野村直克
発行所　総合法令出版株式会社
　　　　〒103-0001　東京都中央区日本橋小伝馬町15-18
　　　　　　　　　ユニゾ小伝馬町ビル9階
　　　　　　　　　電話　03-5623-5121（代）

印刷・製本　中央精版印刷株式会社

落丁・乱丁本はお取替えいたします。
©SOGO HOREI PUBLISHING 2019 Printed in Japan　ISBN 978-4-86280-675-8

総合法令出版ホームページ　http://www.horei.com/